UN PIQUE-NI...

GW01465135

Pré- par- ons   le par nier   pour le dé- jeun- er.   etc...

Voi- ci   du pain et de la con- fi- ture.   J'aime la   con- fi- ture. etc...

Bonjour, les amis.

Il fait beau aujourd'hui, allons pique-niquer!

Préparons le panier pour le déjeuner!

Voici du pain et de la confiture. J'aime la confiture!

Je n'aime pas la confiture. J'aime le chocolat!

Voici des biscuits. J'aime les biscuits!

Voici des fruits:

des pommes, des bananes, des poires, des oranges...

et comme boisson, du jus d'orange.

J'aime le jus d'orange!

Bon, nous sommes prêts; allons pique-niquer.

Regardez les nuages, les gros nuages...

Quel dommage, il pleut!

Rentrons vite à la maison!

Un pique-nique à la maison, quelle bonne idée!

Bonjour, les amis.
Il fait beau
aujourd'hui,
allons
pique-niquer!

Préparons le panier pour le déjeuner!

Voici du pain
et de la confiture.
J'aime
la confiture!

Je n'aime pas
la confiture.
J'aime
le chocolat!

Voici des biscuits.
J'aime
les biscuits!

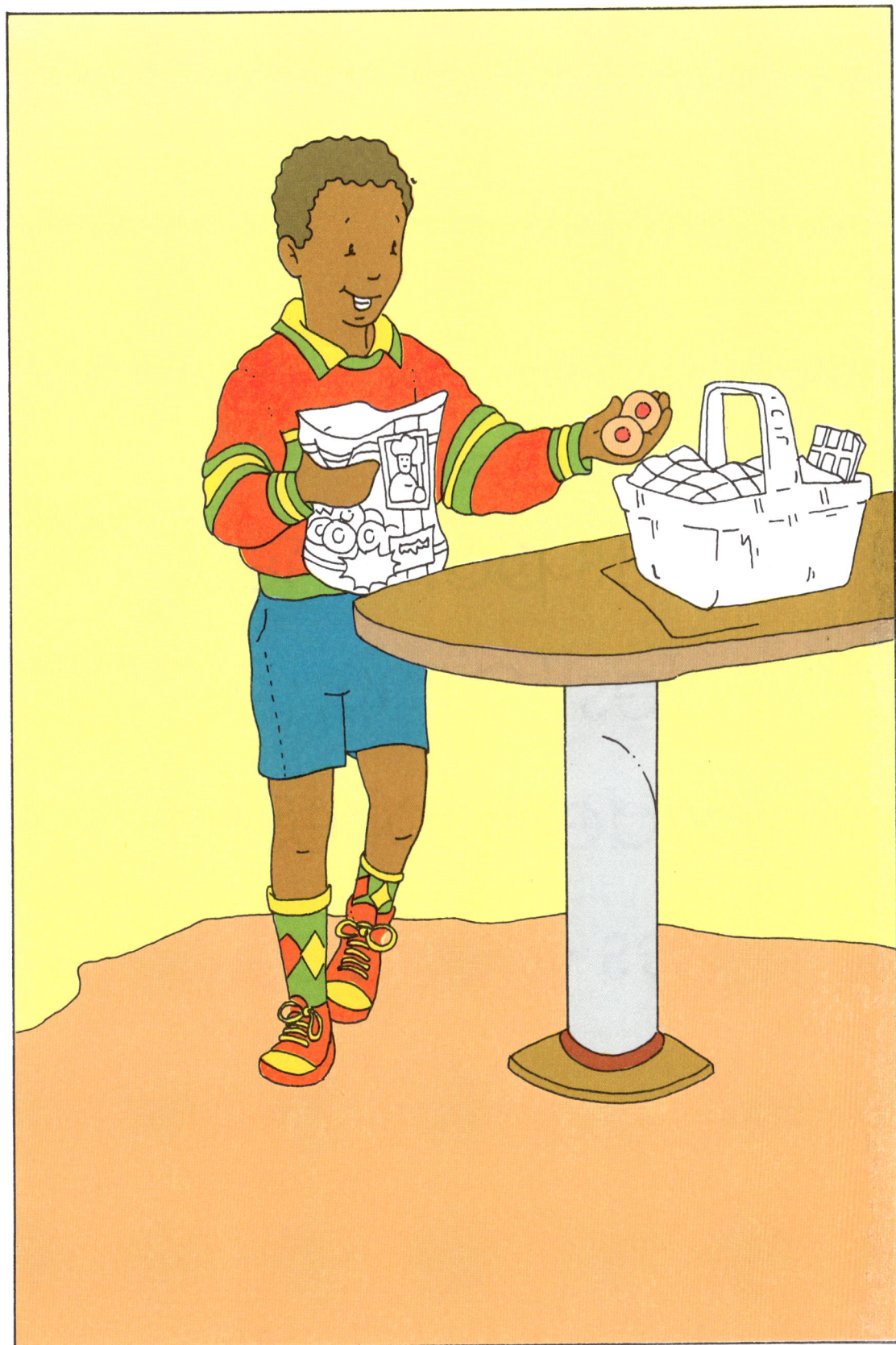

Voici des fruits:
des pommes,
des bananes,
des poires,
des oranges ...

et comme boisson,
du jus d'orange.
J'aime
le jus d'orange!

Bon,
nous sommes
prêts;
allons
pique-niquer.

Regardez
les nuages,
les gros
nuages...

Quel dommage,
il pleut!

Rentrons vite à la maison!

Un
pique-nique
à la maison,
quelle bonne idée!